Riccardo Allievi

LE FASI DELLA MEDIAZIONE

Sommario

4

1 – LA DOMANDA DI MEDIAZIONE

Il procedimento di mediazione, così come previsto dal Decreto Legislativo 28 del 2010, non è soggetto ad alcuna formalità.

Il Decreto stesso, all'art. 4 comma 2, prevede che quando si presenta un'istanza di mediazione, l'istante deve indicare l'organismo prescelto, le parti e le ragioni della pretesa.

Ogni organismo adotta un suo modulo di domanda da far compilare alla parte istante dove appunto vengono inseriti tutti i dati relativi alla causa in oggetto compreso anche il valore della lite.

Il modello, una volta compilato, viene spedito alla controparte dall'organismo attraverso una raccomandata con ricevuta di ritorno.

L'art. 8 del Decreto Legislativo prevede che, quando una parte presenta domanda di mediazione, l'organismo designa un mediatore e deve fissare il primo incontro tra le parti non oltre quindici giorni dal deposito della domanda stessa.

Nel caso in cui anche la controparte dovesse aderire alla mediazione, viene richiesto alla stessa di compilare un modulo di accettazione della domanda, indicando il valore della lite.

Comparando il valore della lite indicato da entrambe le parti, si definisce il valore della lite definitivo e di conseguenza anche il costo complessivo della mediazione: tale ammontare è definito dalla tabelle ministeriali che indicano le indennità che entrambe le parti devono corrispondere all'organismo.

Tale indennità comprende anche il compenso spettante al mediatore, la cui percentuale varia da organismo a organismo.

Le spese di segreteria invece sono a parte e devono anch'esse essere corrisposte da entrambe le parti.

Visionando la domanda di mediazione, il mediatore può cominciare a farsi una prima idea sulla causa e sui motivi della lite.

Nel caso in cui un parte dovesse decidere di non partecipare alla mediazione, l'art. 8 del Decreto Legislativo, al comma 5, prevede che dalla mancata partecipazione, senza un motivo giustificato, il giudice può desumere argomenti di prova nel successivo giudizio ai sensi dell'art. 116, comma 2, del Codice di Procedura Civile.

In questo caso il mediatore dovrà redigere un verbale negativo che verrà acquisito nel successivo giudizio.

Se la controparte invece aderisce alla domanda di mediazione, il procedimento ha inizio e si articola in quattro fasi che verranno analizzate in modo approfondito: la prima fase introduttiva, si prosegue con la fase esplorativa, seguita dalla fase di negoziazione, per poi concludersi con la fase dell'accordo o del mancato accordo.

.

2 – FASE INTRODUTTIVA

Nella prima fase del procedimento di mediazione sia il mediatore sia le parti si presentano.

Questa presentazione del mediatore è molto importante perché ha lo scopo di instaurare un rapporto positivo con le parti e di creare per loro un ambiente ed un'atmosfera positiva che permetta di poter parlare liberamente.

Il mediatore deve chiarire alle parti il suo ruolo e la sua posizione, che non è quella né di un giudice né di un arbitro, ma di un soggetto che ha come obiettivo quello di far trovare ai due litiganti un accordo amichevole che possa soddisfare entrambi.

Molto importante è che il mediatore si accerti che le parti abbiano i poteri necessari per poter definire, attraverso l'accordo, la controversia.

Deve poi spiegare cosa è la mediazione, come funziona e quali sono le sue regole: le parti dovranno parlare una alla volta, prima la parte istante tendenzialmente e poi la controparte, ed il mediatore potrà decidere di effettuare degli incontri privati per agevolare l'esposizione del conflitto e le reali pretese.

La comunicazione che dovrà pretendere il mediatore da parte dei convenuti deve essere impostata sul reciproco rispetto e utilizzando un linguaggio moderato e consono, sia nel contenuto sia per quanto riguarda il volume.

Una volta definite e presentate le regole base il mediatore darà la parola prima alla parte istante, anche se è previsto, seppur raramente,, il contrario.

Il mediatore, ascoltando entrambi gli interventi in cui le parti spiegheranno le proprie ragioni, dovrà cercare nei suoi interventi e nelle sue domande di non pendere né sulla definizione del problema data da una parte né sulla definizione del problema data dall'altra parte.

Se facesse in questo modo commetterebbe un grave errore: vorrebbe dire avvalorare torti e ragioni delle parti e colpevolizzarle.

Visto che durante questa prima fase della mediazione la tensione emotiva può essere intensa, capita molto spesso che entrambe le parti siano alquanto riluttanti ad esprimere liberamente i propri pensieri in presenza della controparte.

Proprio per questo motivo, terminata l'esposizione di entrambe le parti, il mediatore propone di incontrarle privatamente.

Anche in questo caso, come durante l'esposizione iniziale, il mediatore dovrà decidere con che parte cominciare i colloqui privati.

Per evitare possibili contestazioni il mediatore potrebbe prevedere, nel momento in cui espone alle parti le regole base del procedimento di mediazione, di spiegare che l'ordine con cui avverranno gli incontri privati non sia frutto di una sua libera scelta, bensì di semplice necessità organizzativa.

E' molto importante per il mediatore cercare di definire in che modo utilizzerà le informazioni apprese durante gli incontri privati, tenuto conto che vige il principio di riservatezza: l'informazione data da una parte non può essere riferita alla controparte dal mediatore, se non dietro esplicita autorizzazione.

Molto spesso capita che durante gli incontri privati emergano delle informazioni che siano molto proficue per la risoluzione della controversia, ma tenuto conto che solo il mediatore è in possesso di questa informazione di consenso reciproco, dovrà essere molto abile a fare in modo di trasmetterla alle parte, senza appunto violare il vincolo di riservatezza.

Un modo che ha il meditore per risolvere questa situazione è quello di domandare a ciascuno se può riferire alla controparte questa possibilità di accordo, costruendo una sorta di ponte tra le parti per arrivare ad un accordo amichevole.

Aspetto pratico da considerare per gli incontri disgiunti è che la mediazione dovrà svolgersi in un locale con almeno due stanze in modo tale che quando inizia il colloquio privato tra il mediatore ed una parte, l'altra

parte possa aspettare in un altro locale.

3 – FASE ESPLORATIVA

Lo scopo di questa fase è quello di cercare di capire le posizioni e gli interessi delle parti.

Molto spesso le due parti sono convinte che se viene soddisfatto il bisogno dell'altra parte è solamente a discapito del proprio bisogno.

Pertanto è molto importante che in questa fase il mediatore cerchi di capire i reali interessi e che possa portare alla luce i conflitti reali delle parti.

Per ogni interesse vi sono più opzioni che sono in grado di soddisfarlo e quindi il mediatore deve aiutare le parti a comprendere che possono avere interessi molteplici, che posizioni diverse in realtà possono avere interessi condivisi e che gli interessi dell'altra parte fanno parte del problema complessivo del conflitto.

Tutto ciò è possibile solamente se il mediatore è in grado di fare delle buone domande: non sono necessari consigli, ma il mediatore deve aiutare le parti, attraverso delle domande mirate, a trovare loro stesse la soluzione del problema.

L'arte di mediare deve essere imparata a fondo da tutti gli aspiranti mediatori: il metodo di mediazione facilitativa permette al mediatore di aiutare le parti a ricomporre in modo amichevole la controversia che si è generata.

Il mediatore non deve avere fretta di passare alla fase valutativa, in cui propone una soluzione al problema, in quanto così facendo, impedisce alle parti di far emergere le proprie capacità di negoziazione e di costruire da sole l'accordo.

Il mediatore deve porre le domande alle parti avendo ben chiaro l'obiettivo che si prefigge, poiché egli stesso è responsabile delle domande che via via pone, ma nello stesso tempo deve sapere quali domande sono appropriate e distinguere le buone domande da quelle da evitare.

In questa fase il mediatore deve invitare le parti a trovare più possibili soluzioni prima di decidere in modo conclusivo cosa fare e quale sia la soluzione migliore.

Una tecnica molto nota e molto utilizzata è quella del "brainstorming", cioè quella tecnica che permette alle parti di generare più opzioni, senza dare giudizi prematuri e senza cercare ostinatamente una sola soluzione.

Se il mediatore ha lavorato bene in questa fase, allora dovrebbero alla fine essere emersi tutti gli interessi del conflitto e quindi le parti dovrebbero essere in grado di giungere ad una soluzione che possa soddisfare entrambe.

4 – LA NEGOZIAZIONE

Nella fase di negoziazione, il mediatore dovrebbe raccogliere i frutti del lavoro svolto nelle fasi precedenti.

In particolare a questo punto le parti sono in grado, grazie alle domande oculate poste dal mediatore nella fase esplorativa, di identificare gli interessi di ogni posizione e gli interessi comuni oppure opposti alle due posizioni.

Le tecniche di brainstorning, come abbiamo visto, hanno aiutato le parti a far emergere più opzioni per poterne trovare una che possa soddisfare entrambe le parti.

Il compito del mediatore a questo punto è quello di presentare alle parti la questione, riassumendo ciò che è emerso nelle fasi precedenti, chiarendo gli interessi delle parti, ridefindendo il problema per fare in modo che si possa trovare una soluzione che possa soddisfare le parti e che permetta loro di trovare un accordo.

5 – FASE CONCLUSIVA

Dopo che si sono svolte tutte le fasi precedenti, gli scenari possibili sono sostanzialmente due, che sono previsti anche dall'art. 11 del Decreto Legislativo 28/2010:

1) Le parti raggiungono un accordo amichevole. Questo accordo può essere raggiunto sia direttamente dalle parti sia grazie alla proposta di conciliazione, chiesta al mediatore da entrambe le parti. In tutti e due i casi predetti il mediatore stende un verbale al quale allega il testo dell'accordo che è stato raggiunto;

2) Le parti non raggiungono un accordo sia perché non hanno accettato la proposta di conciliazione fatta dal mediatore, sia perché non hanno trovato un interesse comune, senza neppure chiedere una proposta al mediatore.

Il verbale della mediazione, predisposto dal mediatore, è uno scritto in cui vengono indicati i dati di iscrizione dell'organismo al registro tenuto presso il Ministero, i nomi delle parti in contrasto, una premessa in cui si dice che le parti hanno deciso di aderire all'istituto della mediazione, i termini dell'accordo e la data e la sottoscrizione sia del mediatore sia delle parti.

Se una delle parti non partecipa all'incontro fissato per il tentativo di mediazione, il mediatore è tenuto ad indicare questa informazione nel verbale che predispone in quanto, in seguito, il giudice, vista la mancata partecipazione senza giustificato motivo, può desumere argomenti di prova nel successivo giudizio secondo quanto previsto dall'art. 116, comma 2 del Codice di Procedura Civile e dall'art. 8, comma 5, del Decreto Legislativo 28/2010.

Se l'accordo viene raggiunto il compito del mediatore è quello di aiutare le parti a definire e redigere l'accordo.

Tendenzialmente se le parti sono assistite da avvocati, questi si incaricano di redigerlo, anche se è possibile che possano delegare questo compito al mediatore stesso.

Quando viene scritto l'accordo, il suo valore è quello di un contratto.

La sua derivazione nasce da una decisione privata e non da una decisione imposta: ecco perché questo tipo di accordo non deve essere confuso o equiparato ad una sentenza di un giudice o a un lodo di un arbitro.

E' ancora dibattuto in dottrina se questa tipologia di accordo, raggiunto al termine del processo di mediazione, possa essere considerato come un contratto tipico previsto dal Codice Civile oppure sia un contratto nuovo e quindi atipico.

Ad ogni modo è importante evidenziare che l'accordo raggiunto dopo il processo di mediazione, anche se è stato ottenuto con delle norme che non possono essere considerate giuridiche in quanto molto spesso prive di particolari formalità, ciò non toglie che dovrà comunque essere conforme alla legge, cioè non potrà essere contrario all'ordine pubblico e alle norme imperative.

Il mediatore ha il compito di verificare che l'accordo debba avere tutti i seguenti requisiti:

1) Equilibrato: l'accordo deve tener conto degli interessi di entrambe le parti;

2) Realistico: deve essere trovato un accordo che permetta alle parti di rispettarlo e che non sia pertanto impossibile;

3) Duraturo: l'accordo deve poter risolvere la questione della controversia nel corso del tempo;

4) Preciso: non devono esserci punti pochi chiari o non bene comprensibili, ma devono essere indicati in dettaglio tutto i punti dell'accordo.

Se l'accordo contiene tutti i suddetti requisiti allora è pronto per essere messo per iscritto e fatto firmare alle parti.

6 – ACCORDO - CONTRATTO

L'accordo derivante dalla mediazione si conclude generalmente con la stipula di un contratto.

Il contratto infatti nasce nel nostro ordinamento per cercare di far convergere interessi di due distinte parti.

Non è però da considerare conclusa la mediazione con il raggiungimento dell'accordo.

Bisogna infatti prestare particolare attenzione alla stipula del contratto di accordo in quanto il minimo errore può rendere nullo o annullabile quanto si è deciso.

Per avere indicazioni circa il contenuto di un contratto bisogna rimandare al Codice Civile, precisamente all'art. 1325.

Questo articolo indica il contenuto che dovrà avere il contratto: sarà necessaria l'indicazione delle parti, il contenuto dell'accordo, la data e la sottoscrizione.

Altri aspetti che devono essere presi in considerazione per evitare che l'accordo non possa essere in seguito omologato sono i seguenti:

1) Uno stile semplice: bisogna evitare le ripetizioni o contraddizioni;

2) Chiarezza nei termini: bisogna evitare che ci possano essere interpretazioni sbagliate su quanto è stato deciso;

3) Terminologia precisa: bisogna specificare e rendere vincolante ogni aspetto previsto nell'accordo.

Non obbligatoria, ma consigliata, è la prassi di inserire anche una clausola per la risoluzione delle controversie in caso di mancato adempimento dell'accordo stesso.

L'accordo potrà anche prevedere le clausole di seguito elencate:

1) Clausola risolutiva espressa;

2) Clausola penale;

3) Clausola di riservatezza.

Per il resto, come detto, il riferimento per fissare i criteri della stipula deve essere ricercato nel Codice Civile negli articoli 1321 e seguenti.

7 – LE CLAUSOLE DI CONCILIAZIONE

Quando viene stipulato un contratto, le parti possono decidere di inserire anche una clausola di conciliazione. Sostanzialmente con questo accordo le parti si obbligano a vicenda, nel caso in cui dovesse sorgere un conflitto, a ricorrere alla mediazione prima di proporre una domanda giudiziale.

E' bene ricordare comunque che il Decreto Legislativo 28/2010 prevede in ogni caso all'art. 5, comma 1, tutta una serie di materie per le quali è previsto obbligatoriamente il ricorso al processo di mediazione, indipendentemente dalla presenza o meno nel contratto di una clausola di conciliazione.

Sempre il medesimo Decreto Legislativo prevede all'art. 5, comma 5, che salvo quanto previsto dai commi 1, 3 e 4, se il contratto, o lo statuto o l'atto costitutivo di un ente prevede una clausola di mediazione, il giudice, nel caso in cui dovesse sorgere una controversia, non può procedere, ma deve fissare alle parti un termine di quindici giorni per la presentazione della domanda di mediazione.

La successiva udienza potrà essere fissata solo quando la mediazione si sarà conclusa.

La domanda di mediazione deve essere presentata presso l'organismo previsto nella clausola, oppure se l'organismo indicato non dovesse essere iscritto al

Registro tenuto presso il Ministero allora dovrà essere scelto un altro organismo presente nell'elenco.

In ogni caso le parti possono scegliere, di comune accordo, un ulteriore organismo rispetto a quello previsto nel contratto.

Tra le clausole di conciliazione che possono essere inserite nei contratti si ricordano:

1) La clausola di conciliazione pura: se dovessero nascere delle controversie nel contratto le parti si impegnano a ricorrere al tentativo di conciliazione prima di qualsiasi procedimento giudiziale o arbitrale;

2) La clausola di conciliazione e arbitrato: in questo caso le parti si impegnano a ricorrere alla conciliazione, ma se questa non dovesse produrre

risultati allora la decisione verrà affidata ad un arbitro che deciderà secondo equità.

3) La clausola compromissoria: in questo caso le parti non prevedono il ricorso alla conciliazione ma alle due tipologie di arbitrato e cioè quella ordinaria in cui l'arbitro unico deciderà secondo diritto, mentre quella rapida in cui verrà presa una decisione secondo equità e senza formalità.

L'autore

Riccardo Allievi (1980) è un dottore commercialista, revisore legale e mediatore civile. Titolare dello "Studio Allievi" che opera nel campo della consulenza amministrativa e fiscale per le piccole e medie imprese. Laureato con il massimo dei voti in Economia e Legislazione delle imprese presso l'Università Commerciale Luigi Bocconi, ha conseguito un Master in Finanza Aziendale. E' autore di numerosi contributi scientifici in materia di mediazione.